N
NORDAMERIKA
SÜDAMERIKA
S
ANTARKTIS

Lena Anlauf & Vitali Konstantinov

GENIALE OHREN

Eine kuriose Tiersammlung

Nord Süd

WER, WIE, WO?

Langohrig

Grossohrig

Pinselohrig

FENNEK

Vulpes zerda

Fenneks leben in den Sandwüsten Nordafrikas. Tagsüber ziehen sie sich in ihre unterirdischen Baue zurück. Sie sind äußerst verspielte Tiere: Selbst die Rangfolge in ihren Familienverbänden entscheiden Fenneks im Spiel. Mit ihren langen Ohren horchen die Allesfresser auf im Sand verbuddelte Beutetiere. Wenn sie eins erlauscht haben, graben sie es aus.

Der Fennek ist der kleinste Vertreter der Füchse, hat jedoch verhältnismäßig die größten Ohren. Sie machen zwanzig Prozent seiner gesamten Körperoberfläche aus und sind sehr beweglich.

Zur Funktion der Hautfalte am Rand des Ohrs gibt es bloß Vermutungen: Die *Henrys Tasche* soll beim Hören hoher Töne und beim Zusammenfalten der Ohrmuscheln helfen.

Fenneks unterhalten sich mit verschiedenen Lautäußerungen: Sie können knurren oder ein warnendes Bellen ausstoßen. Ein Schnurren zeigt, dass sich ein Fennek wohlfühlt, und ein Quieken bedeutet freudige Aufregung.

Der langohrige Wüstenfuchs wird oft dem kurzohrigen Polarfuchs gegenübergestellt, um die *Allensche Regel* zu veranschaulichen. Diese besagt, dass Körperanhänge verwandter Arten in heißen Lebensräumen länger und in kalten kürzer sind. Die Kurzohrigkeit schützt vor Wärmeverlust. Die Langohrigkeit hilft beim Abkühlen, indem über die große Ohrmuschel-Oberfläche Wärme nach außen abgegeben wird.

LÖFFELHUND

Otocyon megalotis

Löffelhunde leben in Halbwüsten und Savannen im östlichen und südlichen Afrika. Sie sind die einzigen Hunde, die sich fast nur von Insekten ernähren. Am liebsten mögen sie Termiten. Die Nase nah am Boden und die großen Ohren nach vorn geneigt, schleichen sie umher, um auch das kleinste Geräusch der krabbelnden Beute in deren Bau zu hören. Ein Löffelhund kann im Jahr mehr als eine Million Termiten verputzen.

In der Regenzeit steigen die Löffelhunde auf das Fressen von Mistkäfern und ihren Larven um. Dafür halten sie sich gern in der Nähe von Huftieren auf. Denn dort wimmelt es von Käfern, die deren Kot fressen und ihre Eier darin ablegen.

Die Löffelhunde lauschen aufmerksam auf das nagende Geräusch der Käferlarven, die sich nach dem Schlüpfen einen Weg aus dem Kothaufen herausfressen. Mit einem leisen Pfeifen rufen sie sich gegenseitig zu lohnenden Futterstellen.

Löffelhunde verständigen sich nicht nur über ihr Gehör, sondern auch über ihre Körpersprache: Wenn sie sich bedroht fühlen, legen sie ihre Ohren an und sträuben ihr Fell.

OHRENIGEL

Hemiechinus auritus / Hemiechinus collaris

Zur Gattung der Ohrenigel gehören zwei Arten: Der Eigentliche Langohrigel lebt im nördlichen Afrika und in Asien. Den dunkleren Indischen Langohrigel findet man in Indien und Pakistan.

Wenn sie irgendwo hinunterfallen, dämpfen die Stacheln den Aufprall ab. Bei niedrigen Höhen stürzen sie sich manchmal sogar absichtlich hinab.

Sie können rennen, schwimmen und innerhalb weniger Sekunden geschickt hohe Zäune erklimmen.

Langohrigel sind wahre Allesfresser: Sie verputzen gern Wassermelonen, jagen aber auch Eidechsen, kleine Schlangen oder Heuschrecken. Ihre Beutetiere orten sie mithilfe ihres ausgezeichneten Gehörsinns. Da sie nachtaktiv sind, hilft ihnen das besonders im Dunkeln. In trockenen, heißen Gebieten kommen sie notfalls ganze zehn Wochen ohne Nahrung und Flüssigkeit aus.

Ohrenigel können sich mit sehr hohen Lauten verständigen, die Ultraschall enthalten, der für Menschen unhörbar ist. Bei großer Aufregung können die Igel unerwartet laut loskreischen. Die kleinen Nestlinge rufen ihre Mutter mit einem schrillen Pfeifen.

Wenn ein Langohrigel angegriffen wird, rollt er sich zusammen. Seine langen Ohren klappt er dabei nach vorne und bedeckt damit schützend die Augen. Wenn nötig, kann er stundenlang in dieser Position verharren, bis die Gefahr vorüber ist.

RIESENOHR-SPRINGMAUS

Euchoreutes naso

Die Riesenohr-Springmaus findet man in Wüsten der Südmongolei und Nordchinas. Ihre Ohrmuscheln sind im Verhältnis zum Körper die größten unter allen bekannten Tieren. Obwohl sie ein Nagetier ist, ernährt sie sich überwiegend von Insekten, die sie nachts jagt.

Streifgebiete der Springmäuse können sich überschneiden. Ihre unterirdischen Bauen bewohnen sie jedoch allein oder mit ihrem Nachwuchs.

Ihre Zehenborsten verhindern, dass sie im Sand versinkt.

Da sie meist im Dunkeln unterwegs ist, verlässt sie sich bei der Jagd wahrscheinlich hauptsächlich auf ihr Gehör. Es wurde beobachtet, wie sie mit ihren großen Ohren auf vorbeifliegende Insekten horcht. Wenn sie eine Motte hört, kann sie blitzschnell hochspringen, um sie sich zu schnappen.

Beim Umherhüpfen legt die Riesenohr-Springmaus ihre Ohren schützend am Rücken an. Bei Wind bleibt sie lieber gleich in ihrer Höhle. Es wird vermutet, dass sie wie andere Springmäuse dort auch Winterschlaf hält.

BRAUNES LANGOHR

Plecotus auritus

Viele Fledermäuse *sehen* mit ihren Ohren: Sie nutzen die Echoortung, um während ihres nächtlichen Flugs Hindernissen auszuweichen und Beutetiere zu finden. Dafür senden sie besonders hohe Laute aus, die von Objekten vor ihnen zurückgeworfen und wiederum von ihren Ohren aufgefangen werden. Anhand dieser Echos machen sie sich ein Bild von ihrer Umgebung. Fast überall auf der Welt findet man Arten mit verschiedensten Ohrformen.

Mit die längsten Lauscher hat das europäische Braune Langohr. Es gilt als Flüsterer unter den Fledermäusen: Im Lautstärkenvergleich sind seine hohen Ultraschallrufe sehr leise. Das Langohr ist bei der Jagd tatsächlich kaum auf die Echoortung angewiesen. Seine großen Ohren sind auf das Einfangen tieferer Geräusche wie einem leisen, verräterischen Blätterrascheln spezialisiert.

Das Langohr lauscht auch auf den Flügelschlag vorbeifliegender Motten.

Wenn sich die Langohren ausruhen, biegen sie ihre Lauscher nach hinten. Beim Schlafen und Überwintern stecken sie ihre Ohrmuscheln unter die Flügel, sodass nur noch der Ohrdeckel, der sogenannte Tragus, zu sehen ist.

In seiner Fluggeschwindigkeit wird das Braune Langohr durch die Riesenohren etwas gebremst. Dafür ist es ein äußerst geschickter Flieger: Es kann an einer Stelle in der Luft schweben, wenn es Insekten von Blättern oder der Baumrinde absammelt, und sogar rückwärts fliegen.

ESELHASE

Lepus californicus

Der Eselhase gehört zur Gattung der *Echten Hasen*. Im Gegensatz zu Kaninchen sind diese eigentlich Einzelgänger. Im Winter können sich jedoch Gruppen von bis zu 250 Tieren zum Fressen zusammenfinden. Normalerweise ignorieren sie sich dabei untereinander, aber hin und wieder rennen sie auch superschnell im Kreis umeinander herum.

Eselhasen findet man in den USA und Mexiko. Die Tiere im heißen Süden haben deutlich längere Löffel als ihre Artgenossen im kühleren Norden. Alle Hasen können ihre Ohren fast rundherum drehen. So können sie verdächtige Geräusche ganz genau einschätzen und bei Bedarf fix fliehen.

Wenn ein Eselhase auf der Flucht ist, ändert er ständig seine Ohrhaltung zwischen vier Positionen: Er hebt abwechselnd beide Ohren, nur das linke oder nur das rechte Ohr, oder er legt beide Löffel an. Die dunkle Spitze ist dabei ein besonderer Blickfang. Ihre ständige Bewegung verwirrt den Fressfeind so sehr, dass er einfach weiter in die falsche Richtung rennt, wenn der Hase im richtigen Moment einen Haken schlägt.

WILDESEL

Equus africanus *Equus hemionus* *Equus kiang*

Es gibt drei Wildesel-Arten: In Asien heimisch sind der Asiatische Esel und der Kiang. In Eritrea und Äthiopien lebt der Afrikanische Wildesel, die Urform aller Hausesel. In freier Wildbahn ist dieser Esel akut vom Aussterben bedroht.

Die längsten Eselsohren findet man bei den Afrikanischen Wildeseln. Sie helfen ihnen in ihrem Wüsten-Lebensraums bei der Hitzeregulierung. Aber auch hören können sie gut: zum Beispiel ein kilometerweit entferntes *Iaaah* ihrer Artgenossen.

Die Kontaktrufe des Kiangs klingen anders als die der anderen Esel: Sie sind ein schrilles Pfeifen. Alle Esel können auch grunzen, knurren und schnauben.

Den Eseln kann man ihre Stimmung an der Haltung ihrer Ohren ablesen.

Die Beine des Afrikanischen Esels sind teilweise gestreift und erinnern an die eines Zebras. Es kommt ganz selten zu Kreuzungen mit dem großohrigen Grevyzebra. Den Nachwuchs eines Zebrahengstes und einer Wildeselstute nennt man dann *Zebresel*.

GERENUK

Litocranius sclateri / Litocranius walleri

Gerenuks leben in Somalia, Äthiopien, Kenia und Tansania. Sie geben verschiedene Laute von sich, um sich untereinander zu verständigen: Wenn sie sich ärgern, pfeifen sie. Bei großer Gefahr wird laut geblökt. Ein leises Meckern wird zwischen Mutter und Jungen ausgetauscht.

Wenn ein Gerenuk alarmiert ist, hört es sofort auf, seine Ohren zu bewegen, gibt keinen Mucks von sich oder summt leise. Gerenuks sind nicht die schnellsten Läufer, deshalb hoffen sie, auf diese Weise möglichst unbemerkt zu bleiben.

Ohne sich zu verletzen, können Gerenuks auch von dornigen Büschen naschen. Dabei sind die schmalen Schnäuzchen und die unempfindlichen Lippen von Vorteil. Die empfindsamen Haare an ihren Ohren dienen zudem als Frühwarnsystem und helfen so, Abstand zu den Dornen zu halten.

Um an Essen zu gelangen, das die meisten anderen Tiere in ihrem Lebensraum nicht erreichen, haben sie verschiedene Strategien entwickelt: Sie können sich auf die Hinterbeine stellen, ihren langen Hals emporrecken und in bis zu zwei Metern Höhe Blätter verputzen.

Auch andere afrikanische Antilopen haben große, aufmerksame Ohren, um heranschleichende Raubtiere rechtzeitig zu hören.

GÜRTELTIER

Gürteltiere leben teils unter-, teils oberirdisch in Mittel- und Südamerika. Neunbinden-Gürteltiere findet man zusätzlich in Nordamerika. Sie können kaum sehen und verlassen sich meist auf ihren Geruchssinn und ihr Gehör.

Es gibt zwanzig verschiedene Arten mit unterschiedlichsten Ohrformen: Man findet kurze Miniohren, klappbare Flachohren, große Trichterohren, spitze Langohren – und einiges dazwischen.

Der aztekische Name für das Gürteltier war *Azotochtly* – das lässt sich mit *Schildkröten-Hase* übersetzen. Im Spanischen nennt man manche Arten *Mulita*. Das ist eine Verniedlichungsform von Muli, einer langohrigen Kreuzung aus Pferd und Esel.

Kugelgürteltiere können sich schützend zu einer Kugel zusammenrollen und dabei sogar ihre Ohren einklappen.

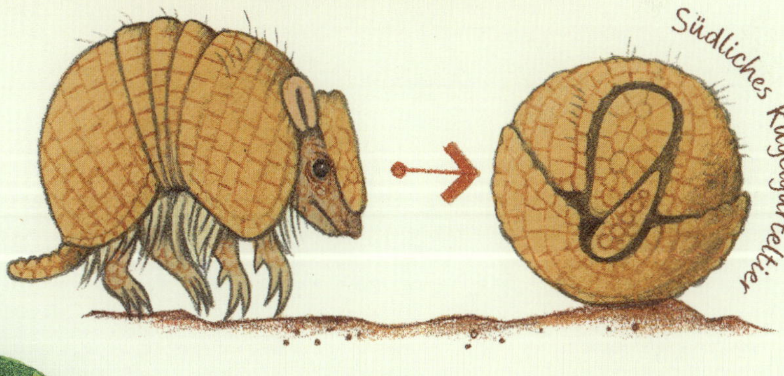

Das Große Nacktschwanzgürteltier verbringt bloß zehn Minuten am Tag an der Oberfläche. Die übrige Zeit ist es unterirdisch unterwegs. Während es gräbt, dreht es sich, sodass ein fast perfekt abgerundeter Eingang zu seiner Höhle entsteht. Seine Ohren legt es dabei zurück. Auf diese Weise schützt es vermutlich seine Gehörgänge vor dem Eindringen von Erde und Staub.

ELEFANT

Loxodonta africana

Afrikanische Elefanten haben die größten Ohren der Welt: Sie sind jeweils bis zu zwei Quadratmeter groß! Diese Riesenohren dienen vor allem als Klimaanlage: Sie sind stark durchblutet, sodass der kühle Luftstrom beim Ohrwedeln das durchgepumpte Blut herunterkühlt. Bei Regen oder Kälte halten Elefanten die Ohren entsprechend nah am Körper.

Schon lange versucht man, ihre Lautkommunikation zu entschlüsseln. Einen bestimmten Grolllaut erkannte man als Aufforderung zum Losgehen, einen anderen als Begrüßung. Bei großer Aufregung trompeten Elefanten. Sie verständigen sich auch über Infraschalllaute, die unterhalb des menschlichen Hörbereichs liegen. Bei kleinen Entfernungen fangen sie diese mit den Ohren auf, bei größeren spüren sie die ausgelösten Bodenvibrationen mit den Füßen.

Elefanten sind gut im Wiedererkennen von Lauten: Ein Bienensummen löst eine spontane Fluchtreaktion inklusive abwehrendem Ohrenwackeln aus.

Manchmal klappen Elefanten ihre Lauscher auch zu voller Größe auf, um noch mächtiger und riesiger zu wirken. Das nutzen sie bei Kämpfen untereinander, aber ebenso als wirkungsvolle Drohgebärde gegenüber anderen Tieren und Menschen.

SERVAL

Leptailurus serval

Servale sind afrikanische Kleinkatzen, die südlich der Sahara in Grasländern und Savannen leben. Sie haben die größten Ohren unter den Katzen. Auf der Suche nach Beutetieren verlassen sie sich meist auf ihr grandioses Gehör.

Im Gegensatz zu Löwen oder Geparden, die als Sichtjäger unterwegs sind, begeben sich Servale für die Jagd ins hohe Gras. Mit ihren langen Beinen schleichen sie bedächtig voran und horchen manchmal bis zu 15 Minuten lang bewegungslos auf verräterische Geräusche um sie herum. So können sie selbst das leiseste Rascheln punktgenau verorten und aus einer Entfernung von mehr als drei Metern im richtigen Moment lautlos zum Sprung ansetzen.

Manchmal findet man Servale mit komplett schwarzem Fell, die man Schwärzlinge nennt.

Auf den Ohrmuschel-Rückseiten der Servale findet man eine augenähnliche Fellmusterung. Diese Augenflecken dienen vermutlich der Abschreckung.

WILDHUND

Lycaon pictus

Afrikanische Wildhunde leben in Savannenlandschaften verteilt über den afrikanischen Kontinent. Die größte Gruppe findet man aktuell in Tansania. Früher lebten sie in Rudeln von bis zu 100 Tieren, heute sind es meist nicht mehr als zwanzig Hunde: Sie sind vom Aussterben bedroht.

Wenn sich ein Wildhund verirrt, hört man seinen *Huu-Huu*-Kontaktruf: Er hofft, dass das Rudel antwortet und er es so wiederfindet. Fröhliche Hunde verständigen sich indes mit überraschend hohen Zwitscherlauten. Auch die Ohren-Körpersprache hilft beim Kommunizieren:

In jedem Rudel gibt es ein Alphatier-Pärchen. Gemeinsam kümmern sich alle um den Nachwuchs der beiden. Wildhunde sind sehr fürsorglich: Sie versorgen neben ihren Jungen auch verletzte und alte Tiere mit Essen.

In Botswana hat man eine interessante Verständigungsmethode der Hunde beobachtet: Das Rudel stimmte per Niesen darüber ab, ob es zur Jagd aufbrechen wollte. Ein Niesen bedeutete *Ja*, ein Schweigen *Nein*. Dabei zählte die Stimme der Alphatiere etwas mehr. Dennoch wurde stets gemeinschaftlich entschieden, ob man sich auf den Weg machte.

GALAGO

Galagos leben südlich der Sahara auf dem afrikanischen Kontinent. Sie gehören zu den Primaten. Ihre Familie umfasst sechs Gattungen, die insgesamt zwanzig verschiedene Galago-Arten beinhalten. Es wird aber vermutet, dass es noch deutlich mehr unentdeckte Arten gibt.

Die verschiedenen Galago-Gattungen kann man anhand ihrer Fellfarbe, ihrer leicht voneinander abweichenden Ohrformen und ihrer Laute unterscheiden.

Die Ohren aller Arten sind äußerst beweglich und können nach hinten geklappt werden. Das Zusammenfalten beschert ihnen einen ruhigeren Schlaf. Angelegte Ohren können aber auch ängstliche oder freudige Aufregung zeigen: wenn sie sich bedroht fühlen oder wenn sich zwei Galagos mit einer kurzen Nasenberührung begrüßen.

Eine besondere Muskulatur in den Beinen ermöglicht es ihnen, mehr als zwei Meter weit zu springen:

So können sie sich blitzschnell fortbewegen.

Ihr Gehörsinn ist für die Galagos sehr wichtig bei der Jagd: Sie können Insekten im Dunkeln erlauschen und sogar beim Vorbeifliegen aus der Luft schnappen.

Galagos quietschen, bellen oder zwitschern, um sich untereinander zu verständigen. Sie können zudem ein schrilles Pfeifen von sich geben, das allen anderen Galagos verrät, wo genau sich eine drohende Gefahr befindet. Jede Art hat ganz eigene individuelle Laute. Die Rufe mancher Tiere klingen wie das Weinen eines Menschenkindes. Deshalb nennt man sie manchmal auch *Buschbabys.*

AYE-AYE

Daubentonia madagascariensis

Aye-Ayes sind auf Madagaskar zu Hause. Tagsüber schlafen sie in aufwendig verflochtenen Baumnestern in mehr als zwanzig Metern Höhe. Die großen Ohren der ansonsten struppig behaarten Primaten sind kahl und etwas zerfurcht. Das hilft dabei, sie schalenförmig zu verformen, um die Hörempfindlichkeit zu erhöhen. Baby-Aye-Ayes haben meist Schlappohren.

Die Tiere unterhalten sich mithilfe verschiedener Laute:

Ein Grunzen oder Fauchen zeigt eine Bedrohung an, ein niesähnlicher Laut bedeutet große Gefahr. Um Zuneigung auszudrücken, geben sie ein liebevolles *Ggnoff* von sich.

Das Aye-Aye ist ein Allesfresser: Mit seinem langen Mittelfinger löffelt es Nektar aus Blüten und nascht Früchte oder Pilze. Besonders gern verputzt es Insektenlarven. Auf der Suche nach ihnen nutzt es eine Klopf-Technik. Seinen außergewöhnlich langen Finger kann es um bis zu sechs Grad aufheizen, sodass er noch beweglicher und empfindsamer wird. Das Aye-Aye klopft bis zu acht Mal pro Sekunde auf die Rinde morscher Bäume. Es horcht dabei ganz genau aufs Klopfgeräusch und erkennt so, ob es Hohlräume mit versteckten Maden gibt.

Viele Menschen gruseln sich vor Aye-Ayes. Es gibt einige Märchengeschichten über sie. Die Angst vor ihnen liegt vielleicht an der ungewöhnlichen Furchtlosigkeit und Neugier der intelligenten Tiere: Forscher berichten, dass sie wie aus dem Nichts auftauchten und sich ihnen näherten, um sie zu beschnuppern.

GROSSFLUGBEUTLER

Petauroides minor

Petauroides armillatus

Petauroides volans

Großflugbeutler findet man in Eukalyptuswäldern Australiens. Erst 2020 konnte nachgewiesen werden, dass sie sich in drei Arten aufteilen. Als daraufhin das Foto eines Beutlers in den Nachrichten erschien, hielten es viele für eine Scherznachricht, da er mit seinen flauschigen Ohren allzu niedlich aussah.

Das lange, weiche Fell der Beutler kann verschiedenste Farben haben: grau, weiß, dunkelbraun oder gemischtfarbig. Es bedeckt auch die Außenseite ihrer Riesenohren, was diese noch eindrucksvoller erscheinen lässt. Ihre Gleitflüge sind bis zu 100 Meter weit.

Die Flugbeutler ernähren sich von Eukalyptusblättern und -knospen. Da diese Nahrung nicht besonders energiereich ist, verschlafen sie den Großteil des Tages. Dafür bewohnen sie abwechselnd bis zu zwanzig Schlafhöhlen, die sich teils dreißig Meter hoch in den Baumwipfeln befinden.

Um Baumhöhlen zu ersetzen, die die Beutler durch Waldbrände und Abholzungen verlieren, werden extra für sie gestaltete Nistkästen aufgehängt. Diese bieten ihnen Schutz vor Hitze und Kälte.

Großflugbeutler sind äußerst stille Tiere. Sie geben fast nie einen Laut von sich. Das unterscheidet sie von anderen großohrigen Beuteltieren in ihrem Lebensraum: Die variantenreiche Rufe der Gleithörnchenbeutler sind bis zu einem halben Kilometer weit in den australischen Wäldern zu hören.

PINSELOHRIG

KARAKAL & LUCHS

Der Karakal lebt in weiten Teilen Afrikas und Asiens. Sein Name kommt aus dem Türkischen und bedeutet Schwarzohr. Mit seinen Pinselohren erinnert er an die Luchse, die in Europa, Nordamerika und Asien heimisch sind. Deswegen wird er manchmal auch Wüstenluchs genannt.

Bis heute ist man sich in der Forschung nicht einig, wozu seine Ohrpinsel dienen. Es gibt aber verschiedene Vermutungen. Erstens: Die Pinsel sollen Gras imitieren, das sich im Wind bewegt. So soll sich der Karakal an seine Beute unauffälliger heranpirschen können. Zweitens: Die feinen Pinselbüschel helfen, Geräusche ins Innenohr zu lenken. Drittens: Sie dienen der Verständigung mit Artgenossen. Beim Luchs gibt es ähnliche Theorien: Es heißt, er könne mithilfe der Pinsel die Windrichtung bestimmen. Somit könnte er sich ihr entgegen auf die Lauer legen, damit sein Geruch die Beutetiere nicht frühzeitig warnt.

ROTBÜFFEL

Rotbüffel sind die kleinsten Vertreter der afrikanischen Büffel. Ihre großen Ohren fallen durch die langen, dreifarbigen Fransenhaare auf, die sie schmücken. Diese Fransen machen ihre Ohren zu eindrucksvollen Fliegenwedeln, mit denen sie nervige Insekten vertreiben.

BINTURONG

Binturongs sind Schleichkatzen, die man in Regenwäldern Südostasiens findet. Die beeindruckenden Pinsel an ihren Ohren sind länger als ihre Ohrmuscheln. Wenn sie fröhlich sind, geben sie ein kicherndes Geräusch von sich. Sie können aber auch knurren, grunzen und fauchen. Eine weitere Besonderheit ist ihr Geruch: Sie riechen nach Popcorn.

Arctictis binturong

PINSELOHRSCHWEIN

Potamochoerus porcus

Pinselohrschweine leben in West- und Zentralafrika und auf Madagaskar. Die mehr als zehn Zentimeter langen Ohrpinsel helfen ihnen, andere Tiere einzuschüchtern: Zusammen mit ihrer Rückenmähne stellen sie sie seitlich auf, wenn sie sich bedroht fühlen. Dadurch wirken die Schweine deutlich größer.

HÖRNCHEN

Es gibt weltweit etwa 280 Hörnchen-Arten. Abgesehen von Australien, Madagaskar und der Antarktis haben sie nahezu alle Lebensräume erobert. Dem Eurasischen Eichhörnchen wachsen im kalten Winter wärmende Haarpinsel an den Ohren. In Wäldern Borneos findet man ganzjährig pinselohrige Tiere: Darunter das kleine, moosfressende Quasten-Zwerghörnchen, das bislang noch sehr wenig erforscht ist.

Exilisciurus whiteheadi

Sciurus vulgaris

KRALLENAFFEN

Die südamerikanischen Krallenaffen haben beeindruckende Ohren: Bei den etwa fünfzig verschiedenen Arten ragen sie mal koboldartig-nackt hervor, sind von einem Fellfächer umgeben oder direkt mit puscheligen Haarbüscheln bewachsen.

Das Gehör ist wichtig für die Krallenaffen: Mit vogelähnlich zwitschernden Lauten verständigen sie sich untereinander in ihren für sie sehr bedeutsamen Familiengruppen. Sie kommunizieren mithilfe ihrer Ohren aber auch auf andere Weise: Aufgestellte Ohrbüschel eines Pinselohräffchens zusammen mit einem Stirnrunzeln oder Starren durch zusammengekniffene Augen bedeuten Wut. Das Anlegen der Ohrbüschel zeigt Angst.

Für Lisztaffen hat man in den USA *Affenmusik* komponiert und auf einem Cello eingespielt: Eins der Stücke erinnert an fröhliche Affenlaute, das andere an ängstliche. Nach dem unheimlichen Lied wurden die Affen unruhig. Der vergnügliche Song hatte hingegen eine entspannende Wirkung auf sie. Für menschliche Ohren klingen beide Titel äußerst seltsam.

Wenn es eine Langschwanzkatze auf ihn abgesehen hat, können dem Zweifarbentamarin seine Ohren zum Verhängnis werden. Das Raubtier imitiert aus einem Versteck heraus die Rufe von Affenkindern, um ihn vom Baum zu locken. Das Gehör des Tamarins ist allerdings oft gut genug, um die Täuschung frühzeitig zu erkennen.

HONIGDACHS

Mellivora capensis

Der Honigdachs lebt in weiten Teilen Afrikas und Asiens. Er gehört zu den wenigen Säugetieren ohne äußere Ohrmuscheln: Sie sind komplett von seiner dicken Haut bedeckt. Nur ihre Ränder kann man rund um den Eingang des Gehörgangs erkennen. So bieten sie im Kampf keine Angriffsfläche für seine Gegner. Der Honigdachs gilt als außergewöhnlich unerschrocken und legt sich gern mit viel größeren Tieren wie Leoparden, Löwen oder Büffeln an.

Der ganze Körper des Honigdachses ist fürs Kämpfen ausgelegt. Er hat lange Krallen und scharfe Zähne. Seine sehr dicke Haut kann kaum von Bissen durchdrungen werden und liegt wie ein loser Mantel um seinen Körper.

Wenn ein Löwe versucht, ihn zu packen, flutscht er ihm aus den Pranken. Er kann ein äußerst furchterregendes Grunzen oder ein rasselndes Brüllen von sich geben. Die Jungtiere und ihre Mütter unterhalten sich jedoch schnurrend.

Der Honigdachs liebt Honig und Bienenlarven! Beim Plündern der Nester verschließt er seine Ohrfalten. So schützt er die empfindlichen Gehörgänge vor Insektenstichen.

Gepardenjunge ähneln dem Honigdachs. Es wird vermutet, dass sich ihre Fellfärbung so entwickelt hat, damit sie auf andere Tiere einschüchternd wirken.

MANCHMAL ROTOHRIG

BEUTELTEUFEL

Der tasmanische Beutelteufel erhielt seinen Namen unter anderem wegen einer auffallenden Eigenschaft seiner Ohren: Bei Aufregung und Stress mit Artgenossen laufen diese durch einen höheren Blutdruck bedingt knallrot an.

Sehen kann der Raubbeutler nicht besonders gut, er verlässt sich auf seinen Geruchs- und seinen Gehörsinn. Letzterer spielt auch in der Kommunikation eine wichtige Rolle: Beutelteufel kreischen unfassbar laut, schnauben, husten, grunzen und knurren, meist um Artgenossen warnend von ihrem Fressen fernzuhalten. Sogar ein Niesen soll der Einschüchterung dienen.

RATTE

Ratten haben ein unglaublich feines Gehör, das auch Ultraschalllaute wahrnimmt. Ihre Lauscher haben jedoch noch eine weitere, ganz besondere Eigenschaft: Ein Forscherteam hat herausgefunden, dass sie mit ihren Ohren *lächeln*. Wenn sie glücklich sind, liegen ihre Ohren näher am Körper und färben sich durch stärkere Durchblutung pinkrot.

Wenn man eine Ratte kitzelt, kann sie sogar lachende Laute von sich geben. Diese sind allerdings so hoch, dass wir Menschen sie nicht wahrnehmen können.

MENSCH

Auch Menschenohren können Gefühle offenbaren: Wenn man aufgeregt, äußerst verärgert oder einem etwas sehr peinlich ist, können die Ohrmuscheln knallrot anlaufen. Durch die starke Durchblutung fühlen sie sich dann ganz heiß an. Wenn man sich beruhigt, lässt dieser Effekt von allein wieder nach. Es heißt, dass man denjenigen Menschen, die erröten, leichter und schneller verzeihen kann.

FALSCHOHRIG

ELEFANTENOHRCHAMÄLEON

Das afrikanische Elefantenohrchamäleon scheint riesige Ohren zu haben. Bei den vermeintlichen Hörorganen handelt es sich allerdings lediglich um Hautlappen, welche die Tiere aufstellen können, um andere zu beeindrucken: bei der Partnersuche oder einer möglichen Bedrohung. Äußere Ohren haben Chamäleons tatsächlich gar keine. Auch mit ihrem Innenohr hören sie kaum. Sie verlassen sich meist auf ihre Augen.

WALDOHREULE

Etwa die Hälfte aller Eulenarten besitzt auffällige Federohren. Die Gattung der Ohreulen ist sogar danach benannt worden. Die genaue Funktion der Federbüschel ist unbekannt, sie können jedoch die Stimmung der Eule anzeigen. Fest steht, dass sie nichts mit ihrem grandiosen Gehör zu tun haben: Dafür besitzt sie lange, schlitzförmige Ohröffnungen in etwas unterschiedlicher Höhe seitlich am Kopf. Ihr Gesichtsschleier hilft der Eule zusätzlich, Schallwellen aufzufangen und in die Ohröffnungen weiterzuleiten. Selbst ist sie aufgrund ihrer besonderen Federn nahezu lautlos unterwegs.

DUMBO-OKTOPUS

Grimpoteuthis imperator

Dumbo-Oktopusse leben in der Tiefsee, bis zu 5000 Meter unter dem Meeresspiegel. Ihre scheinbar riesigen Ohren sind eigentlich Flossen. Beim Schwimmen wedeln sie hin und her: Dabei erinnern die Tiere an den fliegenden Disney-Elefanten Dumbo, nach dem sie benannt wurden. Auch die faustgroßen Kraken verwandter Gattungen werden manchmal als Dumbo bezeichnet. Sie sind allesamt wenig erforscht.

Opisthoteuthis californiana

OHRENFROSCH

Ohrenfrösche sehen aus, als ob sie kleine Ohrmuscheln haben. Das täuscht, aber ihre echten Ohren befinden sich tatsächlich ganz unauffällig gleich darunter. Andere Frösche nehmen Schallwellen über ihren Mund auf. Manche Frosch-Innenohren sind so spezialisiert, dass sie ausschließlich das Quaken ihrer Artgenossen hören können.

Polypedates otilophus

OHRENZIKADE

Ledra aurita

Auch bei der Ohrenzikade führen Name und Anblick in die Irre: Kein Insekt hat echte Ohrmuscheln. Hören können sie trotzdem: Zikaden-*Ohren* sitzen am Hinterleib der Tiere. Bei Grillen hingegen findet man die Hörorgane an den Knien und Mücken hören über ihre Antennen.

GLOSSAR

Art: Tiere, die einer Art angehören, weisen eine Vielzahl an gemeinsamen Merkmalen auf und können sich nur untereinander fortpflanzen. Es gibt allerdings auch Ausnahmen von dieser zweiten Regel: Die Kreuzungen verschiedener Arten nennt man Hybride. Oft ist man sich in der Wissenschaft nicht einig, und die Zuordnung verschiedener Tiere wird immer wieder angepasst, wenn man mehr über sie herausfindet. Die Artnamen sind daher manchmal irreführend: Honigdachse sind zum Beispiel gar keine echten Dachse. Arten gehören einer übergeordneten Familie an. Mehrere Familien gehören zu einer Ordnung, mehrere Ordnungen zu einer Klasse und so weiter. Die gemeinsamen Merkmale werden nach außen hin immer weniger: So werden alle Lebewesen auf unserer Erde nach der Nähe ihrer Verwandtschaft einsortiert. Erfunden wurde dieses Namenverzeichnis (Nomenklatur) im 18. Jahrhundert vom schwedischen Naturforscher Carl von Linné.

Allensche Regel: Wurde 1877 vom US-amerikanischen Zoologen Joel Asaph Allen formuliert und besagt unter anderem, dass bei verwandten Säugetierarten die abstehenden Körperteile (wie zum Beispiel Ohren) in kalten Gebieten verhältnismäßig kürzer sind als in wärmeren Gebieten. Das stimmt zwar nicht für alle Tiere, aber zum Beispiel für Igel, Hasen, Füchse und Elefanten.

Allesfresser: Tiere, die sich von einer Mischung aus pflanzlicher und tierischer Kost ernähren

Alphatier: Leittier, das ein Rudel oder eine Herde anführt.

Augenfleck: Eine augenähnliche Zeichnung auf dem Fell oder einer anderen Körperoberfläche. Bei Beutetieren dient sie meist der Abschreckung. Bei Raubtieren wie dem Serval wird als zusätzliche Funktion des Ohren-Augenflecks vermutet, dass die Jungtiere der Mutter einfacher folgen können. Der Augenfleck wird auch Ozelle genannt.

Beuteltier (Unterklasse): Ein Säugetier, das lebend geboren wird, sich dann aber erst im Beutel der Mutter bis zur Lebensfähigkeit weiterentwickeln muss. Der Großflugbeutler, der Beutelteufel und der Dünnschwanz-Schlafbeutler sind Beuteltiere.

Beutetier: Ein Tier, das von einem Fressfeind gejagt und gefressen wird. Termiten sind Beutetiere, aus ihrer Perspektive ist der Löffelhund ein Fressfeind. Gleichzeitig ist der Löffelhund aber auch selbst ein Beutetier größerer Raubtiere.

Echo: Ein Echo entsteht, wenn Schallwellen auf ein Hindernis treffen und zurückgeworfen werden. Es hat immer dieselbe Tonhöhe, aber eine geringere Lautstärke als sein Ursprung. Tiere wie die Fledermaus (oder auch Wale und Delfine unter Wasser sowie vermutlich ebenso manche Nagetiere) machen sich mithilfe vom Empfangen und Interpretieren der Echos ein Bild ihrer Umwelt – sie echolokalisieren. Auch Menschen können das zum Teil lernen.

Gehörgang: Es gibt einen inneren und einen äußeren Gehörgang. Der äußere Gehörgang leitet den Schall von der Ohrmuschel zum Trommelfell. Der innere Gehörgang leitet den Hör- und Gleichgewichtsnerv ins Innenohr. (-> *Abbildung S. 49*)

Gleitflug: Ein Sprung, der durch Gleitmembranen (dünne Häute, die sich zwischen verschiedenen Körperteilen ausbreiten lassen) deutlich verlängert wird und auch Richtungsänderungen erlaubt.

Großflugbeutler können auf diese Art beispielsweise bis zu 100 Meter weit zwischen Bäumen umherfliegen. Beim Starten eines Gleitflugs sehen sie besonders niedlich aus, da sie dafür ihre Vorderpfoten unter ihr Gesicht halten müssen. Denn im Gegensatz zu anderen gleitenden Tieren enden ihre Membranen nicht an ihren Pfoten, sondern an ihren Ellenbogen.

Gesichtsschleier: Die besonders geformten Federn im Gesicht einer Eule oder anderer Vögel. Verstärkt Schallwellen und lenkt sie in den Gehörgang.

Henrys Tasche: Findet man an allen Katzenohren, einigen Hundeohren, Fledermausohren sowie bei ein paar anderen Tieren. Die Funktion ist unbekannt. Es gibt die Vermutung, dass sie das Hören besonders hoher Töne und die Beweglichkeit der Ohren unterstützt. (-> *Abbildung S. 49*)

Hitzeregulierung: Das Herunterkühlen des Körpers bzw. das Abgeben von Körperwärme nach außen, um eine Überhitzung zu vermeiden. Findet als Teil der Thermoregulierung gleichwarmer Tiere statt. Meist haben diese für ihre Lebensräume Fähigkeiten oder Strategien entwickelt, mit denen sie ihre Körper vor Überhitzung oder Unterkühlung schützen können. Ein Beispiel: die großen, gut durchbluteten Ohren Afrikanischer Elefanten.

Hören: Fähigkeit, Schall wahrzunehmen. Die Ohrmuschel hilft beim Auffangen der Schallwellen und leitet sie in den Gehörgang weiter. Dort treffen sie auf das Trommelfell, eine dünne Haut, die daraufhin zu schwingen beginnt und das Signal an die Gehörknöchelchen weitergibt. Diese verstärken die Schwingungen und leiten sie an die Hörschnecke weiter. Dort sitzen die Hörsinneszellen, die die Schwingungen in elektrische Signale umwandeln und über den Hörnerv ans Gehirn weitergeben.

Hörbereich: Der Bereich, innerhalb dessen ein Lebewesen einen Laut oder ein Geräusch wahrnehmen kann. Er liegt beim Menschen etwa bei 16 bis 20 000 Hertz. Ein Hertz (1 Hz) bedeutet eine Schwingung pro Sekunde. Niedrige Hertz-Zahlen werden als tief empfunden, hohe Hertz-Zahlen als hoch. Viele Tiere haben einen größeren Hörbereich als der Mensch und können Ultra- oder Infraschall hören und selbst erzeugen. (-> *Abbildung unten*)

Infraschall: Schallwellen, die unterhalb des menschlichen Hörbereichs liegen. Für manche Tiere ist er über mehr als tausend Kilometer weit wahrnehmbar.

Kommunikation: Verständigung von zwei oder mehr Lebewesen, die auf verschiedensten Wegen (über Laute, Körperbewegungen, Gerüche – und so weiter) stattfinden kann.

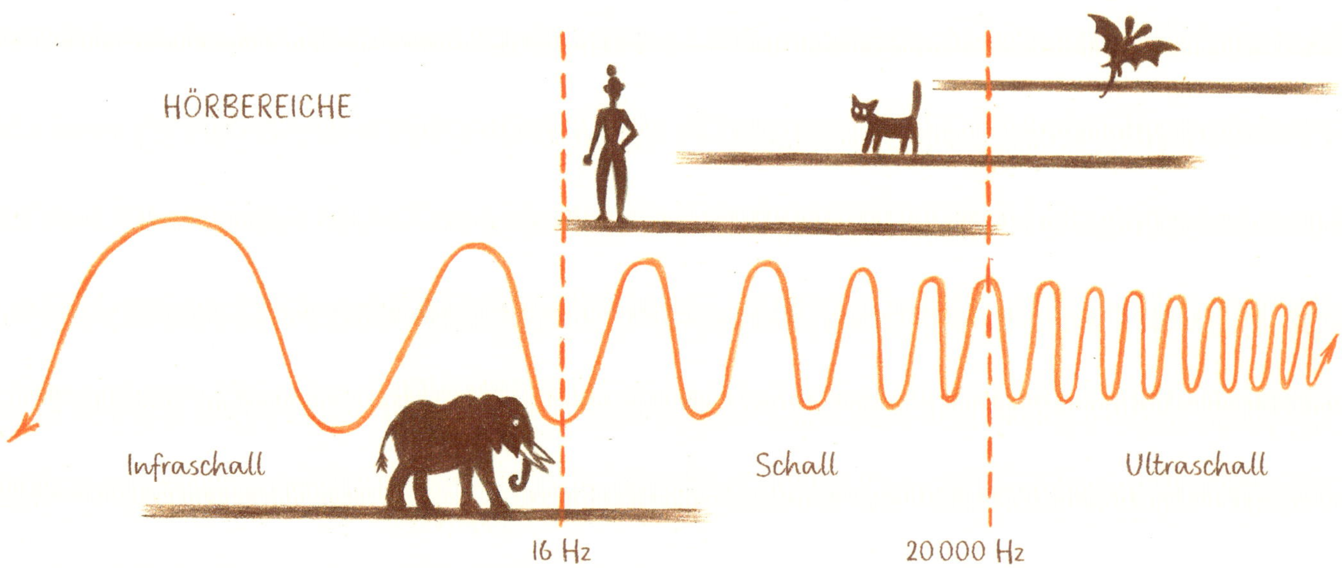

Lateinischer Artname: Gilt auf der ganzen Welt und soll Missverständnisse zwischen Menschen vermeiden, die verschiedene Sprachen sprechen. Der lateinische Name einer Tierart ist zweiteilig: Zuerst kommt der Gattungsname und danach der Name der Art. Wenn ein dritter Name dabeisteht, wird damit eine Unterart beschrieben. Derjenige, der eine Art zuerst wissenschaftlich beschreibt, darf einen Namen vergeben, muss sich dabei aber an internationale Regeln halten. Nachträglich geändert werden kann ein lateinischer Name nur in Ausnahmefällen. Die Bedeutung des Namens ist übrigens nicht immer lateinischen, sondern häufig auch griechischen Ursprungs. Oft kann man Eigenschaften der Tiere daran ablesen: Der Afrikanische Wildhund heißt *Lycaon pictus; pictus* kann man etwa mit *bunt bemalt* übersetzen, was auf seine Fellfärbung hinweist. Andere Namen beschreiben, wo das Tier lebt: Das madagassische Aye-Aye heißt *Daubentonia madagascariensis.*

Laut: Geräusch oder Klang, den ein Tier oder ein Mensch stimmlich von sich gibt

Lautkommunikation: Verständigung über Laute

Lautstärke: Individuelles Empfinden von Schalldruck. Empfundene Zustände von Lautstärke werden mit *laut* oder *leise* beschrieben. Sie können sehr unterschiedlich ausfallen, je nachdem, wer etwas hört. Was für eine Tierart mit empfindlichen Hörorganen laut ist, kann für andere leise oder gar nicht hörbar sein. Tiefe Laute werden bei gleicher Intensität als leiser empfunden. Generell kann man aber sagen: Starke Schwingungen erzeugen laute Töne und schwache Schwingungen leise.

Löffel: Synonym für Ohrmuschel, ursprünglich aus der Jägersprache kommend und für die Ohren von Hasen und Kaninchen verwendet. (-> *Ohr*)

Nestling: Jungtier, das noch im Nest der Eltern lebt und aufs Füttern angewiesen ist

Ohr: Wird meist gleichbedeutend mit Ohrmuschel verwendet, dem außen liegenden Teil unseres Hörorgans. Mit diesem Sinnesorgan hören wir Schall.

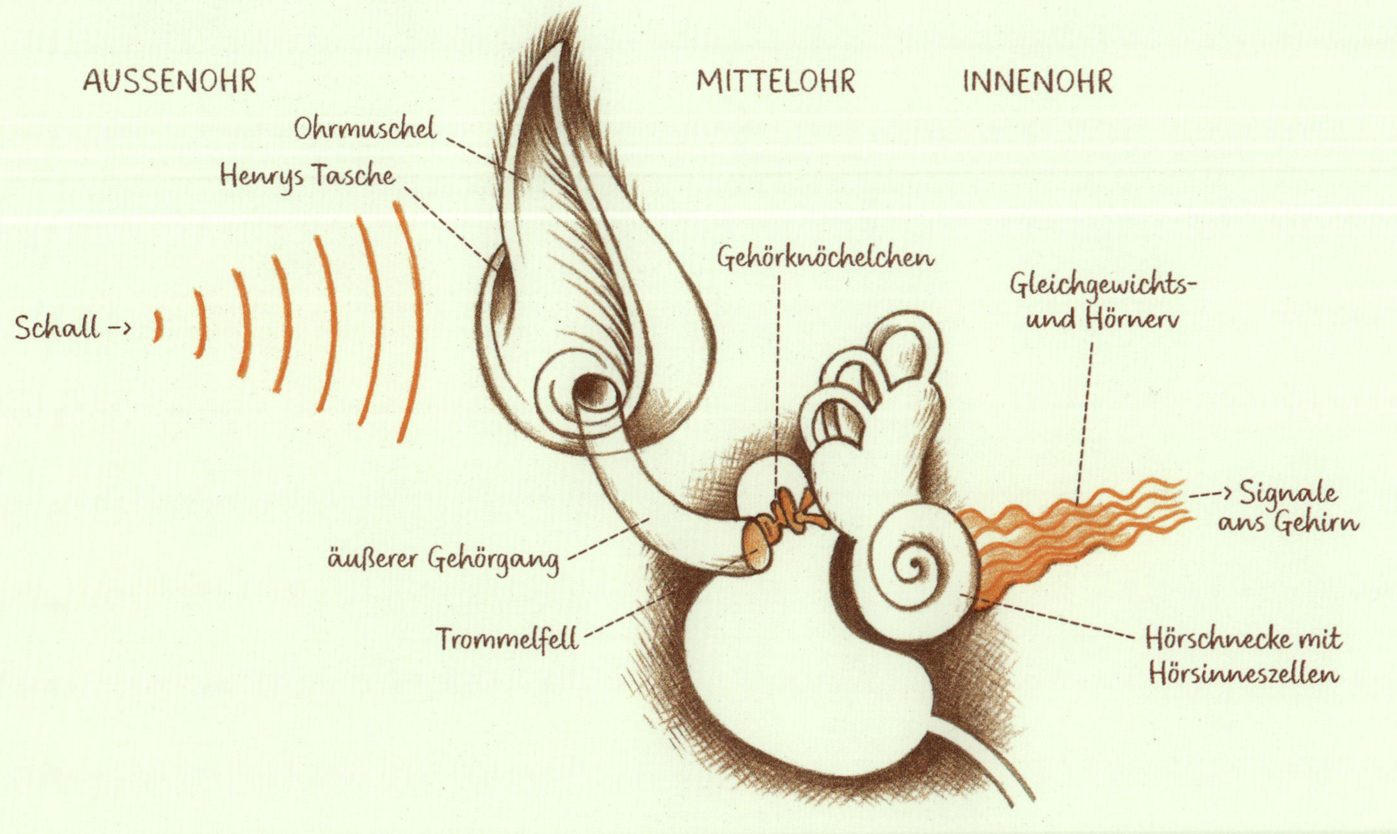

Organ: Körperteil, das eine (oder mehrere) bestimmte Aufgaben erfüllt; zum Beispiel das Ohr als Hörorgan

Orten: Herausfinden, wo sich etwas befindet

Pinselohr: Ohrmuschel, die mit Haarbüscheln besetzt oder gesäumt ist

Quaste: Büscheliges Bündel von Fäden oder Haaren

Raubtier (Ordnung): Raubtiere sind eine Ordnung innerhalb der Klasse der Säugetiere. Zu ihnen gehören die Hundeartigen und die Katzenartigen. Sie haben ein starkes Gebiss und sind häufig Fressfeinde anderer Tiere. Aber nicht alle Fleischfresser gehören zu den Raubtieren, und manche Raubtiere sind Allesfresser (wie der Honigdachs oder der Fennek) oder sogar Vegetarier (wie der Große Panda).

Rudel: Gruppe von Säugetieren, innerhalb der sich alle Mitglieder kennen und jeder Einzelne meist bestimmte Aufgaben hat

Säugetiere (Klasse): In der Regel ist ein Säugetier ein Lebewesen, das seine Kinder lebend zur Welt bringt und anschließend säugt. Es gibt allerdings auch Ausnahmen wie den Eier legenden Schnabeligel.

Schallwellen: Unsichtbare Schwingungen, zum Beispiel von Luft- oder Wasserteilchen. Organe (beispielsweise die Stimmbänder) oder Dinge (wie die Saiten einer Ukulele) schwingen und lösen damit eine Druckwelle aus. Die Schwingungen übertragen sich auf die Luft- oder Wasserteilchen, die zusammenprallen, in Bewegung kommen und wiederum mit weiteren Teilchen zusammenprallen. Auf diese Weise entstehen die unsichtbaren Schallwellen. Die Lehre vom Schall nennt man Akustik.

Schlappohren: Manche Tiere haben zeitweise abgeknickte Schlappohren, zum Beispiel als Babys oder wenn sie in Ruhe schlafen wollen. Stetige Schlappohrigkeit kommt jedoch ausschließlich bei Haustieren vor.

Schwärzling: Ein Tier, das im Gegensatz zur üblichen Färbung seiner Art komplett schwarz ist. Die bekanntesten Schwärzlinge sind Panther (schwarze Leoparden oder Jaguare). Aber auch bei anderen Tierarten kann diese Abweichung vorkommen.

Tragus: Ohrdeckel, den manche Tiere wie Fledermäuse allein durch ihre Muskelbewegungen steuern können. Auch wir Menschen haben einen Tragus – wir benötigen allerdings einen Finger, um damit unsere Gehörgänge zu verschließen.

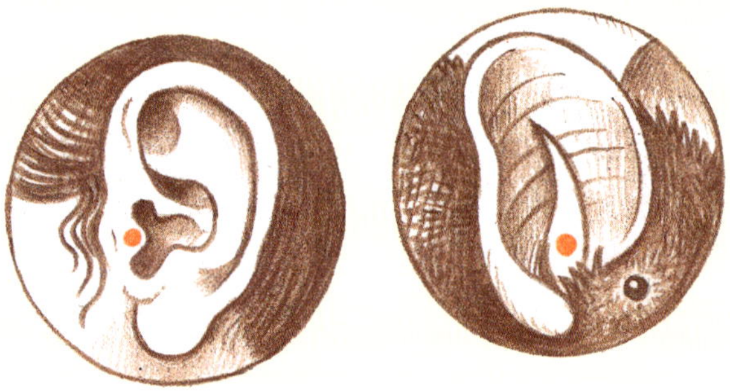

Ultraschall: Schallwellen, die oberhalb des menschlichen Hörbereichs liegen

Wüste: Gebiet mit wenigen oder gar keinen Pflanzen. Es gibt verschiedenste Arten von Wüsten, die meist durch Wassermangel oder Kälte entstehen. Die größte Wüste der Welt ist eine Kältewüste: die Antarktis. Die zweitgrößte und die drittgrößte sind Trockenwüsten: die Sahara in Afrika und die Gobi in Asien. Tiere, die in Wüsten leben, müssen sich an die extremen Lebensbedingungen anpassen: Beispiele dafür sind die großen Ohren des Fenneks, der Riesenohr-Springmaus und des Langohrigels, die der Hitzeregulierung dienen.

QUELLEN UND HINWEISE

Die Informationen in diesem Buch entstammen verschiedenen Quellen: dem *Handbook of the Mammals of the World* (Wilson/Mittermeier 2009–2019), dem Titel *The Mammals of the Southern African Sub-region* (Skinner/Chimimba 2005) sowie dem Fledermaus-Führer *Bats – An Illustrated Guide to all Species* (Taylor 2019). Darüber hinaus wird auf manchen Seiten Bezug auf konkrete Studienergebnisse genommen, die im Folgenden aufgezählt sind.

Weltkarte
Die Karte ganz vorn im Buch ist der *AuthaGraph*-Weltkarte des japanischen Architekten Hajime Narukawa nachempfunden: der aktuell genauesten Weltkarte hinsichtlich der Land- und Wassermassen. Narukawa hat sie entworfen, weil die bekannte Darstellung, die auf der Gestaltung Gerhard Mercators aus dem 16. Jahrhundert beruht, weit von der Wirklichkeit entfernt ist. Da die Erde nahezu kugelförmig ist, verzerrt sich ihr Bild auf einer flachen Karte: Bei der Mercator-Projektion erscheint Grönland zum Beispiel ähnlich groß wie Afrika, obwohl der Kontinent tatsächlich fast vierzehnmal so groß wie die Insel ist.

Seite 17: *Ear Flashing Behavior of Black-tailed Jackrabbits (Lepus californicus)*, Kamler/Ballard 2006.

Seite 19: *A mysterious zebra-donkey hybrid (zedonk or zonkey) produced under natural mating: A case report from Borana, southern Ethiopia*, Megersa/Biffa/Kumsa 2006.

Seite 23: Die mittige Gürteltier-Zeichnung wurde von mesoamerikanischer Kunst inspiriert.

Seite 29: *Sneezing of Wild Dogs*, Walker et al. 2017.

Seite 39: Die Affenmusik wurde 2009 vom Cellisten David Teie (University of Maryland, College Park) komponiert und eingespielt. Er arbeitete dabei mit dem Psychologen Charles T. Snowdon (University of Wisconsin-Madison) zusammen.

-> *Affective responses in tamarins elicited by species-specific music*, Snowdon/Teie 2009.

Hunting Strategy of the Margay (Leopardus wiedii) to Attract the Wild Pied Tamarin (Saguinus bicolor), Calleia/Rohe/Gordo 2009.

Seite 41: *A Possible Case of Mimicry in Larger Mammals*, Eaton 1976.

Seite 43: *Facial Indicators of Positive Emotions in Rats*, Finlayson et al. 2016.

Laughing Rats? Playful Tickling Arouses High-Frequency Ultrasonic Chirping in Young Rodents, Panksepp/Burgdorf 2010.

Saved by the blush: Being trusted despite defecting, Dijk/Koenig/Ketelaar/de Jong 2011.

Seite 46: Bonustier
Hier sieht man einen Dünnschwanz-Schlafbeutler. Er bewohnt Waldgebiete Australiens. Am liebsten frisst er Nektar und Pollen und sorgt dabei für die Bestäubung von Blüten. Wenn ihm das Wetter zu kalt und ungemütlich wird, verfällt er in einen Schlafzustand, bei dem er seine großen, ovalen Ohren schützend einrollt und nach unten klappt.

REGISTER

LENA ANLAUF wurde im Ruhrgebiet geboren. Sie studierte Buchwissenschaft und Philosophie in Mainz und Leiden und absolvierte die Weiterbildung zur Lese- und Literaturpädagogin sowie den Fernkurs *Kinder- und Jugendliteratur* der STUBE in Wien. Heute lebt sie in Marburg, arbeitet als Programmleiterin und Lektorin im *kunstanstifter verlag*, forscht zu historischen Bilderbüchern, schreibt und gestaltet eigene Buchprojekte und veranstaltet Lesungen und Workshops für Kinder.

VITALI KONSTANTINOV wurde in der Ukraine geboren. Er studierte Architektur und Kunst, leitete Illustrationskurse an Universitäten sowie zahlreiche Workshops für Kinder. Seine Arbeiten wurden vielfach ausgestellt, prämiert, in 40 Ländern veröffentlicht und für den *Deutschen Jugendliteraturpreis* nominiert. Heute lebt Vitali als freier Illustrator und Autor in Marburg. Die *Geniale Ohren*-Illustrationen hat er mit Farbtusche und Buntstiften auf Aquarellpapier gezeichnet.

GENIALE NASEN

Eine kuriose Tiersammlung

Diese Tiersammlung der besonderen Art führt uns um den gesamten Globus und versetzt uns in Staunen über die kuriose Vielfalt der Natur. Der Bisamrüssler, der Elefant, das Schwein oder die Saiga-Antilope – sie alle haben wunderbare Nasen.

Nasen erzählen viel über die Gewohnheiten und Lebensräume von Tieren. Lena Anlauf hat mit dem richtigen Riecher die spannendsten Fakten und Erzählungen aus dem Tierreich zusammengetragen. Vitali Konstantinov stellt uns in beeindruckenden Porträts die einzelnen Tiere vor. Dabei zeigt er Persönlichkeiten mit Witz und viel Liebe zum Detail.

ISBN: 978-3-314-10633-0

Eine besondere Idee wird von sachkundigen Texten und beeindruckenden Illustrationen begleitet.
Natur-Buchtipp des Monats, Jury-Begründung Deutsche Akademie für Kinder- und Jugendliteratur

Ein echtes (Vor-)Lesevergnügen zum Blättern, Nachfragen, Lachen und Lernen!
Stiftung Lesen

Konzept und Buchgestaltung:
Lena Anlauf & Vitali Konstantinov
Text: Lena Anlauf
Illustration: Vitali Konstantinov

Schriften: Aunt Mildred MVB (Akemi Aoki),
Subtitle (Leah Eads), Gambino (Andrew Lethbridge)

Lektorat: Andrea Naasan
Fachliche Durchsicht: Lydia Möcklinghoff
Lithografie: Frische Grafik, Hamburg
Druck & Bindung: Livonia Print, Riga, Lettland
ISBN 978-3-314-10673-6

1. Auflage 2024
www.nord-sued.com

Bei Fragen, Wünschen oder Anregungen
schreiben Sie bitte an: info@nord-sued.com
Dieses Buch wurde auf FSC-zertifiziertes Papier aus
verantwortungsvollen Quellen gedruckt.

Der NordSüd Verlag wird vom Bundesamt für Kultur mit
einem Strukturbeitrag für die Jahre 2021–2024 unterstützt.

5 m
4 m
3 m
2 m
1 m
0
1 m
2 m
3 m
4 m
5 m